Techniken
der Seidenmalerei

Hedwig Danner

Techniken der Seidenmalerei

Otto Maier Ravensburg

Alle Modelle in diesem Buch sind urheberrechtlich geschützt und dürfen nur mit ausdrücklicher Genehmigung des Verlages gewerblich genutzt werden.

Umschlaggestaltung:
Bernd Burkart, Stuttgart
Fotos: Fotostudio Thomas A. Weiss, Ravensburg
Satz: E. Weishaupt, Meckenbeuren
Gesamtherstellung: Himmer, Augsburg
Printed in Germany

92 91 90 89 88 5 4 3 2 1

ISBN 3-473-45405-2

CIP-Titelaufnahme
der Deutschen Bibliothek

Danner, Hedwig:
Techniken der Seidenmalerei /
Hedwig Danner. – Ravensburg :
Maier, 1988
ISBN 3-473-45405-2

INHALT

VORWORT

Malen auf Seide! Ein fundiertes Grundwissen schafft die Voraussetzung dafür, daß die Begeisterung und Freude, mit der Sie zu malen beginnen, auch dann noch vorhanden oder vielleicht noch intensiver geworden sind, wenn Sie Ihr Werk fertig vor sich haben.
Auch bei der Seidenmalerei wird selten ein Meister vom Himmel fallen. Einem gelungenen, meisterhaften Werk gehen lange und intensive Beschäftigung und Auseinandersetzung mit dem Material Seide und der Farbe voraus.
Die exakte Wiedergabe einer Vorlage kann wohl für einen Anfänger in der Seidenmalerei eine gute Hilfe sein, jedoch sollte dies nur der Beginn sein. Jeder, der sich mit der Malerei auf Seide beschäftigt, sollte sich mit seinen eigenen Möglichkeiten auseinandersetzen, um selbstkritisch zwischen Idee und endgültigem Ergebnis kreative Entwicklungsmöglichkeiten zu finden und zu entfalten.
Kreativ sein heißt hier unter anderem auch, eine gute technische Planung harmonisch mit persönlichen Wegen und Ausdrucksformen vereinen.
In jedem Menschen steckt ein gewisses Maß an Kreativität, das entdeckt und geweckt werden muß. Dies kann nur in der Beschäftigung mit dem Gegenstand des Interesses geschehen.
Bei der Seidenmalerei ist der erste Schritt zur persönlichen Gestaltung eines Motivs wohl der, die Angst vor der Möglichkeit eines Fehlers gar nicht erst aufkommen zu lassen. Ist ein Fehler unterlaufen, versuchen Sie diesen als Impuls aufzunehmen und in die Gestaltung Ihres Motives zu integrieren.
Die folgenden Schritte und die persönliche Entfaltung und Weiterentwicklung in der Malerei werden sehr stark von Ihrer selbstkritischen Einstellung geprägt sein. Wer allzu schnell mit seinen eigenen Arbeiten zufrieden ist, wird wohl kaum eine größere Weiterentwicklung erleben.
Mit praktischen Anregungen, detaillierten Erklärungen, zahlreichen Abbildungen und vor allem mit vielen Tips und Erfahrungen aus meiner langjährigen Praxis als Seidenmalerin und Dozentin werde ich Ihnen mit diesem Buch helfend zur Seite stehen.
Sie werden feststellen, daß mehr Wissen über die verschiedenen Techniken der Seidenmalerei und über die Reaktionen des Materials Ihr Vertrauen in das eigene Können und in Ihre Kreativität fördern werden.
Es ist von Vorteil, wenn Sie sich zuerst mit den Materialien vertraut machen und mit verschiedenen Farben und Seiden experimentieren. So finden Sie auf spielerische Art und Weise heraus, welche Materialien Ihnen am besten liegen und mit welchen Sie am liebsten arbeiten.

Ich möchte es nicht versäumen, mich im besonderen bei den nachfolgend genannten Firmen zu bedanken. Sie haben mir ihre Produkte großzügig zur Verfügung gestellt und es damit erst möglich gemacht, daß ich das Buch in der vorliegenden Form veröffentlichen konnte:

Firma Uhlig, Laudert:
Maltisch, Fixiergerät, Seidenmalzubehör, Farben, Schmuckrohlinge

Firma Pebe, Wollmar:
Passepartouts, Bilderrahmen

Firma Drissler & Co., Frankfurt:
Schneidegerät, Passepartoutkarton, Schneidelineal

ARBEITSMATERIAL

Für die Seidenmalerei benötigen Sie die folgende Grundausstattung:

- o Seide
- o Seidenmalfarben
- o Spannrahmen
- o Dreizackzwecken
- o Begrenzungsmittel Gutta
- o Effektsalz
- o Pinsel

Im folgenden gebe ich Ihnen zu der Grundausstattung einige Erklärungen, die Ihnen bei der Zusammenstellung des Materials hilfreich sein werden.

Seide

Grundsätzlich kann jede reine Seide, die keiner Oberflächenbehandlung unterzogen wurde, bemalt werden.
Erkundigen Sie sich beim Kauf von Seide, ob diese für die Seidenmalerei geeignet ist. Sollten Sie bezüglich der Eignung unsicher sein, empfehle ich Ihnen, zunächst an einem kleinen Stück Seide zu prüfen, ob die Farbe angenommen wird oder ob sie abperlt. Wenn letzteres geschieht, waschen Sie die Seide vorsichtig mit einem Feinwaschmittel und wiederholen die Tropfenprobe auf dem getrockneten Material. Nimmt die Seide auch jetzt keine Farbe an, ist sie für die Seidenmalerei ungeeignet.
Je glatter die Oberflächenstruktur der Seide ist, desto leichter läßt sie sich bemalen. Für Anfänger empfehle ich deshalb Ponge-Seide, die auch vielseitig verwendbar ist. Alle Bilder, Broschen, Karten und Beispiele in diesem Buch sind auf Ponge-Seide gemalt.
Für die Herstellung von Kleidung verwende ich jedoch die schwereren und strapazierfähigeren Seidenarten, wie Crêpe de Chine, Crêpe Satin, Satinseide, Twill oder Tafetta.
Sollten Sie farbige Seide bemalen wollen, dann denken Sie bitte daran, daß nur mit einer dunkleren Farbe als derjenigen der Seide gemalt werden kann und die Möglichkeiten der Farbgebung insofern etwas eingeschränkt sind.
Die Seide erhalten Sie im Fachhandel. Es werden auch Tücher und Schals angeboten, die bereits fertig rolliert sind, was eine große Erleichterung darstellt, wenn Sie mit dem Rollieren der Seide Schwierigkeiten haben sollten.

Seidenmalfarben

Wir unterscheiden zunächst einmal zwischen den echten Seidenmalfarben, die fast alle im Dampf fixiert werden, und den Stoffmalfarben, die für Seide geeignet sind und in der Regel mit dem Bügeleisen fixiert werden.
Die verschiedenen Arten des Fixierens werden im Kapitel „Fixierung und Nachbehandlung“ näher erläutert.
Die zuerst genannten Farben sind nur für tierische Fasern geeignet (also für reine Seide, reine Wolle oder Seide/Wolle-Gemisch) und werden – je nach Fabrikat – mit Wasser oder einer Wasser/Alkohol-Lösung verdünnt.
Stoffmalfarben, die für Seide geeignet sind, können auch auf anderen Fasern verwendet werden und sind meist Pigmentfarben. Dies bedeutet, daß sich die Farbpigmente zwischen die Fasern setzen, die Fasern selbst jedoch nicht einfärben, wie dies bei einer echten Seidenmalfarbe in der Regel geschieht.
Bei echten Seidenmalfarben schätze ich deren Brillanz und Leuchtkraft, weshalb ich auch fast ausschließlich diese Farben verwende. Alle Beispiele und Arbeiten, die in diesem Buch gezeigt werden, sind unter Verwendung von dampffixierbaren

französischen Seidenmalfarben entstanden. Bevor Sie sich zum Kauf einer der vielen Seidenmalfarben, die im Handel angeboten werden, entscheiden, prüfen und vergleichen Sie die Brillanz, Wasch-, Licht- und Farbechtheit der einzelnen Fabrikate, um diejenigen Farben herauszufinden, die Ihren Wünschen entsprechen.

Spannrahmen

Wenn Seide bemalt werden soll, muß sie auf einen Rahmen gespannt werden, denn alle Stellen der Seide, die irgendwo aufliegen würden, bekämen einen sehr unschönen Fleck oder Farbrand.

Kleinere Seidenstücke sind auf einem Zahnleistenrahmen gut zu bemalen. Für größere Stücke ist dieser Rahmen nicht geeignet, denn die Seide dehnt sich je nach ihrer Art mehr oder weniger stark aus, wenn sie bemalt wird, und hängt dann im Rahmen durch. Wenn dies geschieht, müssen Sie die Seide nachspannen, indem Sie Stück für Stück die Dreizackzwecken lösen und die Seide darunter wieder straffen. Dies nimmt bei einem Zahnleistenrahmen während des Malens zuviel Zeit in Anspruch.

Ein zusätzlicher Nachteil des Zahnleistenrahmens ist, daß fertig rollierte Tücher und Schals durch das starre Rastermaß des Rahmens fast nie genau an der Kante gespannt werden können. Sie arbeiten in diesem Fall leichter mit einem stufenlos verstellbaren Rahmen, den der Fachhandel in verschiedenen Ausführungen anbietet.

Wenn Sie viel mit Seide arbeiten und insbesondere auch große Seidenstücke bemalen, empfiehlt sich ein großer Maltisch, der höhenverstellbar und drehbar ist. Durch ein Verlängerungsteil kann

dieser Tisch bis auf 140 cm Stoffbreite vergrößert werden. Viele Arbeitsgänge können Sie sitzend ausführen, da der Tisch auch in Schrägposition gebracht werden kann.
Bevor Sie einen Spannrahmen kaufen, überlegen Sie sorgfältig, was Sie hauptsächlich herstellen wollen. Oft ist es empfehlenswert, zusätzlich zu einem großen und stufenlos verstellbaren Rahmen noch einen Zahnleistenrahmen zu haben, der für kleinere Arbeiten gut geeignet und handlicher ist. Auch nimmt er weniger Platz in Anspruch.

Dreizackzwecken

Die Dreizackzwecken benötigen Sie, um die Seide auf dem Spannrahmen zu befestigen. Da die Dreizackzwecken auf dem Rahmen kaum eine Erhöhung bilden, wenn sie fest eingedrückt werden, behindern sie beim Farb- und Guttaauftrag nicht. Dies ist der Fall, wenn Sie Pin- oder Stoßnadeln verwenden.
Bringen Sie die Dreizackzwecken auf den sich jeweils gegenüberliegenden Seiten des Rahmens versetzt an. Damit verhindern Sie, daß auf der Seide Spannstreifen entstehen.

Pinnadeln

In einem Fall sind Pinnadeln jedoch praktikabler als Dreizackzwecken, und zwar dann, wenn Sie ein rolliertes Tuch bemalen wollen. In diesem Fall drücken Sie die Pinnadeln in den Rollsaum und verhindern damit, daß neben dem Rollsaum unschöne Löcher entstehen, wie dies gelegentlich bei der Verwendung von Dreizackzwecken der Fall ist.
Alle genannten Hilfsmittel sollen Ihnen anfangs Unterstützung geben. Sie werden

beim Malen sehr schnell selbst feststellen, welche Dinge für Sie praktisch sind und welche Sie durch etwas anderes ersetzen wollen, weil es Ihnen eben hilfreicher erscheint. In den Kursen, die ich halte, stelle ich immer wieder fest, daß versierte Kursteilnehmer sehr schnell das für sie geeignete Arbeitsmaterial herausfinden.

Begrenzungsmittel Gutta

Gutta ist ein Begrenzungsmittel, welches in benzinlöslicher Form angeboten wird. Darüber hinaus gibt es auch wasserlösliche Begrenzungsmittel. Mit ihrer Hilfe kann man einzelne Farbfelder scharf gegeneinander abgrenzen.

Benzinlösliche Gutta

Hierbei handelt es sich um eine gummihaltige und in Benzin lösliche Substanz, die aus dem Guttaperchabaum gewonnen wird. Überall dort, wo diese Gutta auf Seide aufgetragen wird, nimmt der Stoff keine Farbe mehr an. Dies bedeutet, daß der Guttaauftrag auf der Seide sorgfältig geplant und ausgeführt werden muß, da ein Abwischen nicht möglich und eine Korrektur nur bedingt möglich ist (siehe auch Abschnitt „Guttatechnik").

Der Guttaauftrag wird meistens mit einer weichwandigen Auftragflasche ausgeführt, an deren Spitze eine aufschraubbare Metallfeder angebracht ist. Diese Feder ist in verschiedenen Stärken erhältlich und ermöglicht einen gleichmäßigen Strich. Wenn Gutta leicht eingedickt ist, kann sie mit Benzin verdünnt und damit wieder fließfähig gemacht werden; ist sie jedoch zu stark eingedickt, so ist sie unbrauchbar geworden und sollte nicht mehr verdünnt oder gar verwendet werden, denn sie erfüllt dann ihre Funktion nicht mehr.

Der Guttaauftrag kann auch mit dem Pinsel erfolgen; die Erklärung dazu finden Sie in einem der folgenden Abschnitte.

Im Handel ist transparente, aber auch eingefärbte Gutta (z.B. Schwarz, Gold, Silber) erhältlich. Seide, bei der eingefärbte Gutta verwendet wird, darf in den meisten Fällen nur handgewaschen, aber nicht gereinigt werden, da die Gutta sich beim Reinigungsvorgang lösen und nur ein gräulicher Strich übrigbleiben würde.

Alle in diesem Buch aufgeführten Arbeiten, Tips und Erfahrungen beziehen sich auf die Verwendung von benzinlöslicher Gutta, da ich persönlich nur damit arbeite.

Wasserlösliches Begrenzungsmittel

Wenn das Begrenzungsmittel wasserlöslich ist, erscheint der Trennstrich häufig leicht „ausgefranst", da die Farbe, die an die Trennlinie stößt, diese etwas auflöst. Der Trennstrich muß daher noch ein wenig breiter als bei der Verwendung von Gutta ausgeführt werden, um voll funktionsfähig zu sein.

Wenn Sie ein wasserlösliches Begrenzungsmittel verwenden, müssen Sie nach der Fixierung der Seide – hierauf wird später eingegangen – das Begrenzungsmittel mit Wasser auswaschen. Bitte beachten Sie, daß dieses Begrenzungsmittel für die Dampffixierung nicht geeignet ist.

Effektsalz

Wie der Name schon sagt, gilt es hier, mit Salz einen bestimmten Effekt auf der eingefärbten Seide zu erzielen.

Salz wirkt hygroskopisch, d.h. trockenes Salz, auf bemalte und noch feuchte Seide gestreut, zieht die Farbteilchen aus der Seide und sammelt diese in und unter dem Salzkorn. Dadurch entsteht hinter dem Salzkorn eine farbenarme Bahn, und

unter dem Salzkorn entsteht ein dunkler Punkt aus konzentrierter Farbe.
Grobes Salz zieht eine breite, lange Bahn, sehr feines Salz eine schmale und kürzere Bahn. Den lebhaftesten Effekt erzielen Sie, wenn Sie beide Salzarten mischen.
Grobes und mittelgrobes Salz erhalten Sie als Effektsalz im Handel. Wenn Sie Salz mit sehr feiner Körnung verwenden wollen, können Sie auch auf normales Haushaltssalz zurückgreifen.

Pinsel

Als Grundausstattung sind mindestens drei Pinsel mit unterschiedlicher Stärke notwendig:
○ Ein Haarpinsel (Nr. 2 – 4), der sehr spitz zuläuft, für feine Linien.
○ Ein Haarpinsel mittlerer Stärke (Nr. 8 – 10), um Motive auszumalen.
Auch dieser sollte eine feine Spitze haben, damit Sie bei schmal zulaufenden Motiven nicht über den Guttastrich hinausmalen.
○ Ein etwas breiterer, strapazierfähiger Grundierpinsel für größere Flächen.
Ich empfehle Ihnen Echthaar-Pinsel, da sie viel Farbe aufnehmen und diese nur ganz langsam wieder abgeben. Für hauchdünne Linien sind spitz zulaufende Pinsel unbedingt notwendig.

Sonstiges

Für die Seidenmalerei sind die folgenden Gegenstände hilfreich:
Mischpalette, Haarfön, Wattestäbchen, Papierküchentücher, Farb- und Wassergläser.
Eine Mischpalette mit vielen kleinen Vertiefungen eignet sich besonders gut, wenn Sie Farbmischungen in kleiner Menge herstellen wollen. Ich empfehle Ihnen eine weiße Mischpalette, da diese den durch Farbmischung entstehenden Farbton am besten wiedergibt.
Für die Aquarelltechnik, die in einem gesonderten Abschnitt behandelt wird, brauchen Sie einen Haarfön, mit dessen Hilfe Sie verhindern können, daß die Farbverläufe außer Kontrolle geraten und die Farblinien zu stark aus- und ineinanderlaufen.
Wattestäbchen sind ein sehr gutes Hilfsmittel, um entstandene, aber unerwünschte Farbränder zu verreiben, stehende Nässe von der Seide zu entfernen oder einen unerwünschten Farbspritzer zu verwischen.
Papierküchentücher benötigen Sie, um zuviel Farbe oder Wasser vom Pinsel oder von der Seide abzuwischen oder um Farbreste vom Pinselschaft abzutupfen.
Zwei Wassergläser sind erforderlich; eines, um Ihre Pinsel auszuwaschen, und ein zweites, das zum Malen und Verdünnen der Farbe stets mit sauberem Wasser gefüllt wird. Farbreste bewahren Sie am besten in gut verschließbaren Gläsern auf, die Sie jeweils mit einem Farbtupfer kennzeichnen.

Zuletzt noch ein Tip

Tragen Sie beim Malen möglichst keine wertvollen Kleidungsstücke und Schuhe. Verschüttete Farbe könnte von manchen Textilien und von Leder angenommen werden und läßt sich oft nicht mehr entfernen.

GRUNDTECHNIKEN

Die Seidenmalerei baut eigentlich auf drei Grundtechniken auf:

- Salztechnik
- Guttatechnik
- Aquarelltechnik

Von diesen Grundtechniken lassen sich Varianten ableiten, auf die ich in den einzelnen Abschnitten ausführlicher eingehen werde; am Ende der Abschnitte über die Grundtechniken gebe ich Ihnen Tips und Anregungen und zeige Ihnen mögliche Fehlerquellen auf.

Bei der Anwendung dieser Techniken ist jeweils die folgende Vorbereitung notwendig:

Bevor Sie die Seide auf den Rahmen spannen, kleben Sie diesen mit abwaschbarem Paketband ab. Dadurch verhindern Sie, daß sich das Holz mit Farbe vollsaugt, die Farbe auf die Seidenkanten zurückfließt und dort unschöne Farbränder bildet.

Salztechnik

Die Salztechnik ist für Anfänger in der Seidenmalerei die einfachste Technik. Hier dürfen Sie manches dem Zufall überlassen und erhalten dennoch faszinierende Ergebnisse.

Gehen Sie folgendermaßen vor:

Auf die straff auf den Rahmen gespannte Seide tragen Sie mit einem breiten Pinsel eine oder mehrere schwach verdünnte Farben auf. Sollte die Seide jetzt durchhängen, spannen Sie nach, denn die Seide muß so gespannt sein, daß keine Farbrillen oder „Pfützen" entstehen können, in denen sich die Farbe sammelt. Das Salzkorn würde dort „ertrinken".

Tragen Sie bei größeren Flächen die Farbe rasch auf, damit die Stelle, an der Sie zu malen begonnen haben, nicht schon trocken ist, wenn Sie den Farbauftrag beenden. Farbtropfen, die sich dennoch

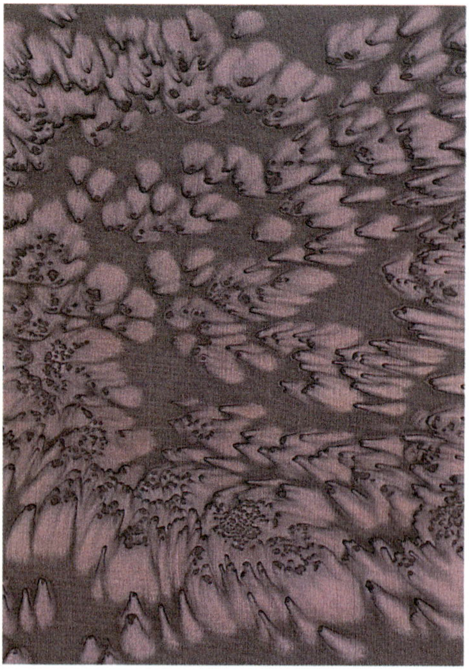

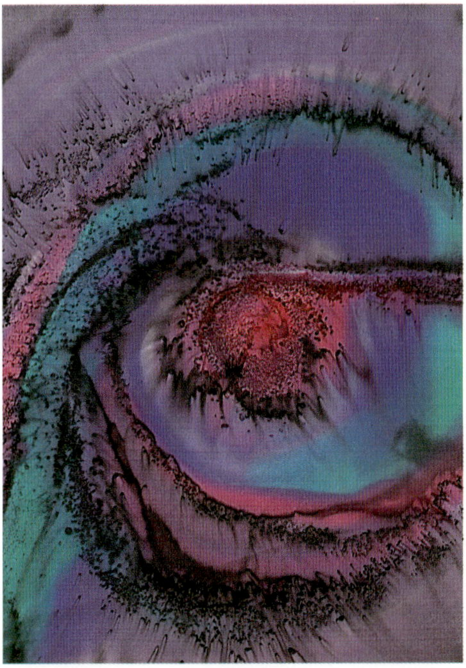

auf der Seide gebildet haben, tupfen Sie mit einem Papierküchentuch oder einem Wattestäbchen vorsichtig ab. Erst jetzt – wenn die Seide überall noch feucht ist, aber keine stehende Nässe mehr aufweist – beginnen Sie mit dem Salzauftrag.

Wenn Sie die Salzkristalle gleichmäßig verteilt aufstreuen, entsteht ein willkürliches Muster (siehe Beispiel 1). Sofern Sie das Salz jedoch in Streifen (siehe Beispiel 2) oder in kleinen Häufchen (siehe Beispiel 3) auf die Seide streuen, ist eine bedingte Steuerung des Musters möglich. Beim Beispiel 3 teilt sich die aus den Farben Rot und Schwarz hergestellte Mischfarbe durch die Salztechnik wieder stark in die einzelnen Farben auf.

Die Bahn, die hinter dem Salzkorn entsteht, wird immer zur nächst liegenden Begrenzung hin verlaufen. Hierbei spielt es überhaupt keine Rolle, ob die Begrenzung eine Stoffkante, ein Guttastrich oder etwa ein Farbrand ist.

Bei einer sehr großen Fläche, die mit Effektsalz bestreut wurde, bilden sich in der Mitte der Fläche runde Salzeffekte, während diese eine um so länglichere Form annehmen, je näher sie an der Stoffkante entstehen. Dies ist durch den Trocknungsvorgang bedingt, der am Stoffrand beginnt und in der Stoffmitte endet.

Beachten Sie auch, daß einige Farben (z. B. Gelb, Türkis, Pink) bei der Anwendung der Salztechnik kaum eine Bahn ziehen, andere dagegen eine sehr starke Struktur ergeben. Ich habe festgestellt, daß Mischfarben grundsätzlich einen besseren Salzeffekt ergeben als reine, unvermischte Farben.

Wenn die Seide, auf welche Sie das Salz gestreut haben, ganz trocken ist, nehmen Sie das Salz mit einem Stück Papier ab. Lassen Sie die Salzkristalle nie über Nacht oder über längere Zeit auf der Seide liegen, da das Salz die Seide sonst angreifen könnte.

Ihre Seide ist nun sehr steif und hat stellenweise vielleicht weiße Ränder; beides ist durch das Salz entstanden und verschwindet bei der Fixierung wieder.

Tips

- Einen besonders schönen Salzeffekt erhalten Sie, wenn Sie die Salzkristalle vor Gebrauch leicht erwärmen.
- Sollten Sie Ihr Effektsalz mehrmals verwenden wollen, so beachten Sie bitte, daß dieses nach jedem Gebrauch wieder getrocknet werden muß (z. B. im Backofen). Bedenken Sie aber, daß bereits gebrauchtes Effektsalz Farbteilchen enthält, die bei Wiederverwendung des Salzes auf die Seide gelangen und winzig kleine Farbflecken auf der Seide hervor-

rufen. Dies kann unter Umständen zwar sehr reizvoll sein, muß aber bei der Gestaltung immer mit bedacht werden.

Fehlerquellen

Zeigt sich auf der Seide der gewünschte Salzeffekt nicht, liegt möglicherweise einer der folgenden Fehler vor:

- Die Farbe war schon angetrocknet, als Sie das Salz aufgestreut haben.
- Die Seide war zu naß, so daß die Salzkristalle „ertrunken" sind.
- Die Farbe war zu stark verdünnt.
- Das Salz war feucht.
- Sie haben eine Farbe gewählt, die nur einen sehr schwachen Salzeffekt ergibt.
- Sie haben, nachdem der erste Farb- und Salzauftrag nicht das gewünschte Ergebnis gebracht hat, den ganzen Vorgang wiederholt: Ein zweiter Salzauftrag nach dem ersten ergibt keinen Effekt.

Guttatechnik

Bei der Guttatechnik werden die Umrisse eines Motivs mit Gutta auf die Seide gezeichnet und anschließend die einzelnen Felder mit Farbe ausgemalt.

Eine große Auswahl von gedruckten Motiven erhalten Sie in Originalgröße im Handel. Eine selbstentworfene Vorlage fertigen Sie wie folgt an:

Skizzieren Sie zunächst mit Bleistift auf einem Bogen Papier das Motiv in Originalgröße. Wenn dieser Entwurf keiner Korrektur mehr bedarf, ziehen Sie alle Linien mit einem Filzstift nach. Die Vorlage können Sie jetzt unter die auf den Rahmen gespannte Seide legen; die dicken Filzstiftlinien sind durch den dünnen Stoff hindurch sichtbar und können mit der Gutta auf der Seide nachgezeichnet werden. Achten Sie darauf, daß die Vorlage die Seide nirgends berührt, der Guttastrich würde sonst an diesen Stellen breit auslaufen.

Bei dicker Seide zeichnen Sie das Motiv mit einem Kohlestift dünn auf die Seide, da eine Vorlage durch die dicke Seide nicht durchscheinen würde.

Nachdem Sie alle Linien sorgfältig und gleichmäßig mit Gutta nachgezogen haben, prüfen Sie bitte sehr genau, ob das Motiv überall geschlossene Linien zeigt, denn überall dort, wo auch nur ein Fadenkreuz der Seide ohne Gutta bleibt, läuft später beim Malen die Farbe aus und bildet außerhalb des Motivs einen unschönen Fleck.

Da Fehler beim Guttaauftrag kaum zu korrigieren sind, ist es überaus wichtig, diesen Arbeitsabschnitt sorgfältig auszuführen.

Wenn Sie Gutta an einer nicht beabsichtigten Stelle aufgetragen haben, ist es am besten, wenn Sie versuchen, den Fehler in das Motiv mit einzubeziehen. Eine andere Möglichkeit ist die, den Fehler an einigen Stellen zu wiederholen, um ihm dadurch einen gewollten Ausdruck zu geben. Fehler, die durch zu dickflüssige Gutta hervorgerufen werden, sind ebenfalls schwer zu korrigieren. Im folgenden möchte in Ihnen einige bewährte Korrekturmöglichkeiten aufzeigen:

- Führen Sie auf der Rückseite Ihrer Arbeit den Guttaauftrag noch einmal durch – aber mit verdünnter Gutta!
- Ummalen Sie das ganze Motiv außerhalb der Guttalinie mit einem schmalen Farbstrich in der gleichen Farbe wie der des Motivs.
- Malen Sie den Hintergrund dunkler als geplant, damit die ausgelaufenen Stellen überdeckt werden.

Guttaauftrag mit der Malflasche
In den meisten Fällen wird Gutta mit der Malflasche aufgetragen. Durch die Trichterfeder an der Spitze der Malflasche kann die Gutta gleichmäßig aus der Feder fließen und ermöglicht so einen exakten Guttaauftrag. Deshalb ist diese Technik vor allem auch für Anfänger geeignet.
Allerdings dickt die benzinlösliche Gutta in der Malflasche rasch ein. Das bedeutet, daß Sie vor jedem Guttaauftrag prüfen müssen, ob die Gutta in der Malflasche noch dünnflüssig genug ist, um damit eine korrekte Begrenzungslinie zu bilden. Ist die Gutta zähflüssig, muß sie mindestens eine halbe Stunde vor Arbeitsbeginn mit Benzin verdünnt werden. Schütteln Sie die Flasche immer wieder kräfig, damit sich Gutta und Benzin gut vermischen. Probieren Sie auf einem Seidenrest, ob die

Gutta die richtige Konsistenz hat und gleichmäßig aus der Feder fließt.
Wenn Sie den Guttaauftrag beendet haben, bewahren Sie die Malflasche in einem gut verschlossenen Schraubglas auf, dies verzögert das Eintrocknen etwas. Sofern Sie jedoch längere Zeit nicht malen, empfiehlt es sich, den Inhalt der Malflasche in die Originalflasche zurückzuschütten und diese dann kühl und dunkel zu lagern. Wird Gutta nämlich längere Zeit der Sonne ausgesetzt, vergilbt sie.

Guttaauftrag mit dem Pinsel

Die Gutta kann nicht nur mit der Malflasche, sondern auch mit dem Pinsel aufgetragen werden.

Verwenden Sie für den Guttaauftrag nur Borstenpinsel, denn Haarpinsel sind hierfür zu weich. Säubern Sie die Pinsel nach dem Gebrauch gründlich mit Benzin oder einem Pinselreiniger.

Für diese Technik eignet sich nur stark verdünnte Gutta, denn sie sollte beim Auftrag leicht aus dem Pinsel fließen. Stellen Sie das Guttagefäß dicht neben Ihre Arbeit, da stark verdünnte Gutta leicht tropft.

Der mit dem Pinsel ausgeführte Guttastrich wird breiter als beim Auftrag mit der Malflasche. Wenn er jedoch schwungvoll ausgeführt wird, wirken die Striche wie eine leichte Zeichnung. Durch den breiteren Guttastrich wird natürlich mehr Gutta auf die Seide aufgebracht. Dies hat zur Folge, daß die Seide etwas steif wird und die ihr eigene Weichheit verliert. Wenn Sie die Seide nach dem Fixieren reinigen lassen, wird das Gewebe wieder weich und schön.

Diese Art des Guttaauftrags erfordert etwas Erfahrung in der Seidenmalerei, vor allem aber ein wenig Übung im Zeichnen. Eine gute Hilfe bietet hier die Zeichenkohle, mit der Sie die wesentlichen Linien ganz schwach direkt auf die Seide zeichnen können.

Wenn Sie mit dünner Seide arbeiten, können Sie sich auch eine Vorzeichnung anfertigen, die Sie unter die Seide legen. Die Linien sind durch die Seide hindurch sichtbar und müssen nur noch mit Gutta nachgemalt werden.

Gutta auf weißem Grund
In den meisten Fällen wird im ersten Arbeitsgang ein Motiv mit farbloser Gutta auf die weiße Seide aufgetragen. Dies bedeutet, daß die Linien weiß bleiben. Deshalb wirken sie oft etwas steif und treten zu sehr in den Vordergrund.

Gutta auf gefärbtem Grund
Wenn Sie die Seide jedoch in einem Pastellton einfärben, bevor Sie die farblose Gutta auftragen, erscheint der Guttastrich weicher und dezenter. Der Grundton sollte in jedem Fall heller sein, damit sich ein dunkleres Motiv deutlich abhebt. Diese Vorgehensweise eignet sich besonders für eine Arbeit, die ganz Ton in Ton gestaltet wird.

Guttatechnik mit gefärbter Gutta

Eine sehr schöne Variante zur farblosen Guttalinie sind goldfarbene, silberfarbene und schwarze Begrenzungslinien. Gold- und silberfarbene Gutta geben der Seidenmalerei einen eleganten Ausdruck, schwarze Gutta hebt ein Motiv stärker hervor. Bedenken Sie aber immer, daß gefärbte Gutta – bis auf wenige Ausnahmen – nicht reinigungsbeständig ist. Benzinlösliche, farblose Gutta können Sie auch selbst einfärben. Sie brauchen hierfür eine nicht wasserlösliche Farbe, z. B. Permanentfarbe, Druckerfarbe oder Porzellanmalfarbe. Ich habe die Erfahrung gemacht, daß die in dieser Weise eingefärbte Gutta häufig schlecht durch die Trichterfeder der Malflasche fließt, da häufig Klümpchen entstehen, die die Trichterfeder verstopfen.

Guttatechnik mit Zwischenfärbung

Nun möchte ich Ihnen anhand eines Beispiels noch eine Variante der Guttatechnik vorstellen: die Zwischenfärbung. Zeichnen Sie das Motiv mit farbloser Gutta – in unserem Falle ein Rispengras – auf den weißen Grund der Seide, so daß der Guttastrich als weiße Linie erscheint. Nun färben Sie einen Teil des Hintergrunds mit gelber Farbe ein und zeichnen dann, wieder mit farbloser Gutta, auf den getrockneten gelben Grund nochmals ein. Motiv, in unserem Beispiel die Blüten. Ihre Guttalinie erscheint nun als gelber Strich. Färben Sie jetzt diejenigen Stellen der Seide, die als rosa Blüten erscheinen sollen, mit hellroter Farbe, führen Sie danach auf dem getrockneten Grund wieder einen Guttaauftrag aus, und verfahren Sie anschließend in gleicher Weise an den Stellen, an denen grüne Blätter erscheinen sollen.

Abschließend färben Sie den ganzen Hintergrund mit einer dunklen Farbe (Motive aussparen!) und beleben die Bildmitte mit Wassertröpfchen und durch Anwendung der bereits beschriebenen Salztechnik.

Blütenstempel und Blattnarben werden erst ganz zum Schluß mit schwarzer Gutta gezeichnet.

Die häufigsten Fehler, die bei der Guttatechnik gemacht werden, sind hier nochmals zusammenfassend genannt.

Wenn über die Guttabegrenzung Farbe ausläuft, kann das ganz verschiedene Ursachen haben:

- Sie haben über die Guttalinie hinausgemalt.
- Die Guttalinie war unterbrochen.
- Der Guttastrich war zu dünn.
- Die Konsistenz der benzinlöslichen Gutta war zu dickflüssig, und der Guttastrich blieb dadurch an der Oberfläche der Seide haften, anstatt in der Faser eine Absperrung zu bilden.
- Die Seide war oberflächenbehandelt, so daß die Gutta gar nicht in die Seide eindringen konnte.

Merke

Je dicker die Seide ist, desto dünnflüssiger muß die Gutta sein, um die Faser völlig durchdringen zu können.

Sollten Sie es trotzdem einmal versäumt haben, Ihre Gutta zu verdünnen, und die Guttalinien bleiben deshalb nach der Fixierung am Papier hängen, dann lösen Sie das Papier folgendermaßen:

Waschen Sie die Arbeit in Waschbenzin gründlich aus, indem Sie die Seide mehrmals kräftig durch das Waschbenzin drücken.

Eine andere Möglichkeit ist, die Seide zur Reinigung zu bringen.

Zum Abschluß dieses Kapitels möchte ich deshalb noch einmal besonders betonen, wie wichtig es ist, vor Beginn eines Guttaauftrags die Konsistenz der Gutta sorgfältig zu prüfen und diese gegebenenfalls zu verdünnen. So können Sie sich viel Ärger, Mühe und Enttäuschung ersparen.

Aquarelltechnik

Bei dieser Technik können Sie Einzelheiten nicht bis ins letzte Detail festlegen. Immer wieder erscheint in irgendeiner Weise eine Überraschung: es entsteht ein zufälliger Effekt durch aufeinanderstoßende Linien oder ein Wassertropfen bewirkt einen anderen Linienverlauf als ursprünglich geplant.

Wenn Sie bereit sind, diesen Überraschungsmomenten nachzugeben, sie mit einzubeziehen und auszunützen, so wird diese Technik Sie begeistern.

Die Aquarelltechnik unterscheidet zwei Arbeitsweisen, die aber nie getrennt angewendet werden sollten, da das Aquarell sonst an Spannung verliert.

Eine dieser Arbeitsweisen ist der Farbauftrag auf trockenen Grund. Hierbei bildet die Farbe einen dunklen Farbrand. Die Umrisse erscheinen dadurch besonders

dunkel. Das Motiv wirkt aufgrund der plakativen Umrißlinien sehr plastisch.
Die andere Möglichkeit ist das Naß-in-Naß-Malen. Dabei wird das Motiv auf einen mit Wasser oder Farbe angefeuchteten Hintergrund gemalt. Die Farben fließen weich ineinander, die Ränder erscheinen verschwommen. Details können erst später auf den getrockneten Grund gemalt werden, ebenso alle hervorzuhebenden Bildstellen. Hierfür verwenden Sie einen Pinsel, der einen hauchdünnen Strich ermöglicht.
Soll eine aufgetragene Farbe einen geradlinigen Farbrand bilden, muß sie schnell – am besten mit einem Haarfön – getrocknet werden. Bevorzugen Sie einen stark gezackten Farbrand, lassen Sie die Farbe zuerst etwas ausfließen, bevor Sie fönen.
Farben, die mit einer Wasser-Alkohol-Mischung verdünnt wurden, trocknen schneller als solche, die nur mit Wasser verdünnt werden. Wenn Sie also eine große Fläche ohne Randbildung einfärben wollen, arbeiten Sie leichter mit Farben, die nur mit Wasser verdünnt werden.
Die Aquarelltechnik können Sie selbstverständlich auch in Verbindung mit der Guttatechnik anwenden. Ein mit Gutta eingegrenztes Motiv wirkt lebhaft und leicht, wenn es in Aquarelltechnik mit weich ineinander übergehenden Farben ausgemalt wird. Ein Landschaftsaquarell auf Seide wirkt faszinierend, sofern der Bildaufbau in der richtigen Reihenfolge gemalt wurde, mit dem hellen Horizont beginnend und dann zum dunklen Vordergrund hin arbeitend.
Einen solchen Bildaufbau zeigt Ihnen das Beispiel „Flußlandschaft“ auf den Seiten 28 und 29.

Flußlandschaft

Bild 1
Für dieses Landschaftsaquarell werden zuerst der Fluß und die beiden Hügel rechts und links davon gemalt. Alles wird zum Horizont hin schmaler und heller. So erhält das Bild Tiefe.
Am Himmel ziehen Wolken, die in schrägen Bahnen vom Vordergrund zum Hintergrund laufen, was die Tiefenwirkung des Bildes noch verstärkt. Nach diesem Arbeitsgang wird die Seide trockengefönt.

Bild 2
Beide Hügel und der Fluß werden nun mit Wasserstreifen strukturiert, die gleichzeitig mit dem Fön getrocknet werden.

Bild 3
Für die Äste und Zweige des Strauches im Vordergrund nimmt man jeweils nur sehr wenig unverdünnte schwarze Farbe auf den Pinsel. Es ist wichtig, den Pinselstrich immer von der dicken zur dünnen Stelle auszuführen. Dies trifft für das Malen der Äste und Zweige ebenso zu wie für das Malen der Vögel.

Bild 4
Das Laub des Strauches entsteht, indem man lindgrüne Farbtupfen aufsetzt und diese dann sofort trocknet.
Die Steine im Vordergrund entstehen durch Wassertropfen, die ebenfalls sofort getrocknet werden.
Bei der Baumgruppe am rechten Flußufer ist es wichtig, den Pinsel bei jedem Baum flach aufzusetzen und jeden Tupfer sofort zu trocknen.

Fehlerbeispiele

Beispiel 1
Es sollte eine Landschaft gemalt werden, in der sich im Hintergrund eine Hügelkette befindet. Die Hügel wurden fälschlicherweise als parallele Wellenlinien gemalt. Richtig wäre es, wenn sich die Linien überschneiden würden.

Beispiel 2
Hier wurde der Aufbau richtig begonnen. Zunächst wurde der entfernte Hügel am Horizont gemalt, dann der Vordergrund. Falsch ist, daß im nachhinein versucht wurde, am Horizont noch eine Hügelkette zu malen, die jetzt wie ein Fremdkörper auf der Landschaft zu liegen scheint.

Beispiel 3
Der entfernte Horizont wurde mit einer zu dunklen Farbe gemalt, so daß das Bild keine Tiefe hat. Im zeichnerischen Bereich besteht der Fehler darin, daß der Horizont in der Bildmitte liegt, anstatt weiter oben oder weiter unten.

Beispiel 4
Hier endet eine Hügelkette unharmonisch in der Bildmitte, ohne vom davorliegenden Hügel überdeckt zu werden.

Beispiel 5
Dieses Bild wirkt sehr unnatürlich und ohne Tiefe. Es wurde versäumt, die Farben – und zwar sowohl für den Himmel als auch für die Erde – vom Vordergrund gegen den Horizont immer heller werden zu lassen.

Tips

○ Achten Sie darauf, daß Sie so wenig wie möglich direkt an die Pinselhaare fönen, da die Naturhaare durch die Hitze schnell brüchig werden.

○ Wenn Sie innerhalb eines Aquarells die Salztechnik anwenden, dürfen Sie nicht fönen, da das Salz dadurch weggeblasen würde und an anderen Stellen Farbflecken hinterließe. Außerdem würden Sie den feuchten Untergrund trocknen, den das Salz aber braucht, um eine Bahn ziehen zu können.

○ Entfernen Sie bei einem Aquarell die Farbtupfen und stehende Nässe mit einem Tuch, bevor Sie fönen. Dadurch verhindern Sie, daß der Luftstrom die Farbe wegbläst und unschöne Farbränder entstehen.

○ Je dicker der Stoff ist, desto weniger fließt die Farbe. Farbmenge und Pinselstärke müssen daher immer dem Stoff angepaßt werden.

○ Je dicker der Stoff ist, desto mehr Farbe kann die Faser aufnehmen und um so leuchtender wird der Farbton. Prüfen Sie deshalb die Farbintensität vorher an einem kleinen Stoffstück.

○ Der Trocknungsvorgang bei dicker Seide kann mit Hilfe eines Heizlüfters beschleunigt werden, der auf niedrige Stufe geschaltet und in genügend großem Abstand unter die Seide gestellt wird.

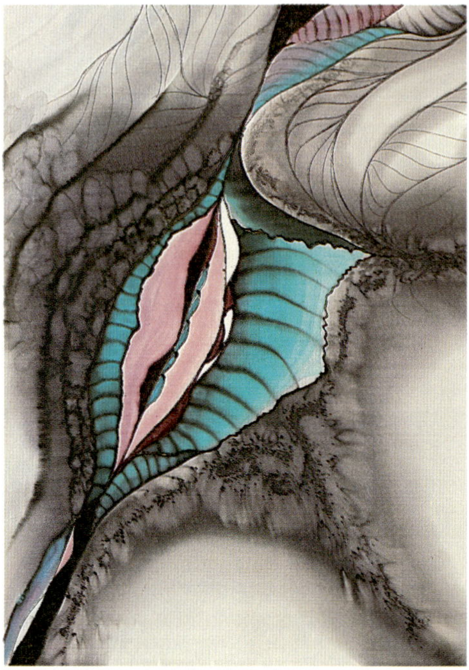

Gemischte Techniken

Wenn in einem Motiv verschiedene Techniken kombiniert und harmonisch miteinander verbunden werden, sprechen wir von gemischter Technik. Hierbei ist es wichtig, die Guttalinien nicht mehr streng als Begrenzungslinie zu verstehen, sondern sie bewußt als Gestaltungsmittel einzusetzen.
Die einzelnen Techniken ermöglichen durch ihre Kombination untereinander eine Vielfalt an Ausdrucksmöglichkeiten und ein kreatives Gestalten.
Bei den nachfolgend beschriebenen Bildern wurde die gemischte Technik angewandt.

Vulkanausbruch

Die Guttafelder werden mit Zeichenkohle auf die Seide skizziert. Die Linien werden mit farbloser Gutta gezogen. Die obere Bildhälfte wird in Aquarelltechnik, die untere Bildhälfte in Aquarelltechnik und Salztechnik mit Wassertropfen gestaltet (Abbildung auf Seite 33).

Spinnennetz

Mit Zeichenkohle wird das Bild auf der Seide skizziert.
Die Linien des Spinnennetzes werden mit Gutta gezogen. Die Hütte ist in Aquarelltechnik gearbeitet (Abbildung oben links).

Muschel

Bei diesem Bild wurde der Guttaauftrag mit schwarzer Gutta ausgeführt und die einfarbigen Felder wurden mit Wasser streifig strukturiert.
Der Hintergrund wurde in Aquarelltechnik eingefärbt und mit Salzkristallen und hauchfeinen schwarzen Pinselstrichen belebt (Abbildung oben rechts).

FIXIERUNG UND NACHBEHANDLUNG

Seide, die bemalt wurde, muß anschließend fixiert werden. Fixieren heißt, daß die Farben auf der Seide lichtecht, farbecht und waschecht gemacht werden. Je nach Hersteller und Art der Farbe ist der Fixiervorgang verschieden. Da ich selbst das beste Ergebnis mit dampffixierbaren Farben erreiche und deshalb fast ausschließlich mit diesen Farben arbeite, werde ich den hierfür erforderlichen Fixiervorgang genauer erklären. Zur weiteren Information möchte ich aber zunächst kurz auf zwei andere Methoden des Fixierens eingehen.

Kaltfixierung mit einem chemischen Mittel

Einige Farben können dadurch fixiert werden, daß die bemalte Seide mit einer Fixierflüssigkeit eingestrichen wird. Nach einer Einwirkzeit von etwa 60 bis 90 Minuten wird die Seide in Wasser ausgewaschen und das Fixiermittel dadurch ausgespült.

Fixierung mit dem Bügeleisen

Bei der Fixierung mit dem Bügeleisen werden alle bemalten Stellen sorgfältig 2 bis 4 Minuten gebügelt. Die so fixierte Seide wird anschließend ebenfalls gewaschen.

Fixieren mit dem Fixiergerät oder Fixierdienst

Fast alle echten Seidenmalfarben werden im Dampf fixiert. Dies kann im Dampf-Drucktopf oder aber fachgerecht in einem Fixiergerät geschehen.
Die Möglichkeit, im Dampf-Drucktopf zu fixieren, werde ich aus den nachstehenden Gründen hier nicht genau erklären:

- Seide, die im Dampf-Drucktopf fixiert wird, muß mehrfach zusammengefaltet werden. Hierbei entstehen Falten, die nach der Fixierung – wenn überhaupt – nur sehr schwer zu entfernen sind.
- Wenn die Seide durch das im Dampf-Drucktopf entstehende Kondenswasser Wasserflecken erhält, werden diese mitfixiert und lassen sich anschließend nicht mehr entfernen.

Der Fixierdienst, auf den ich später eingehe, wird im Handel meist so preisgünstig angeboten, daß es sich überhaupt nicht lohnt, die oben genannten Risiken einzugehen.
Im Fixiergerät wird die Seide fachgerecht fixiert. Dafür sind folgende Vorbereitungen erforderlich: Die bemalte Seide, die vor der Fixierung ein bis zwei Tage ruhen sollte, wird – möglichst faltenfrei – zwischen zwei Lagen unbedruckten Papiers gelegt. Danach wird das Ganze fest auf ein Papp- oder Metallrohr gerollt. Je nach Stärke der Seide können auf diese Weise pro Fixiervorgang 10 m bis 30 m Seide fixiert werden. Die Rolle wird nun mit drei bis vier Klebestreifen verschlossen, in die Röhre des Fixiergerätes gestellt und dort am oberen und unteren Ende des Papp- oder Metallrohres durch eine Verankerung festgehalten. In das Unterteil des Fixiergerätes, in dem sich eine Heizschlange befindet, wird jetzt Wasser eingefüllt, die Röhre, welche die Seide enthält, auf das Unterteil des Fixiergerätes gesetzt und das obere Ende der Röhre mit einem Deckel verschlossen.
Nun wird das Gerät eingeschaltet. Eine auf drei Stunden eingestellte Zeitschaltuhr garantiert, daß sich das Gerät nach dreistündiger Dampffixierung wieder abschaltet.
Für Seidenmalerinnen und Seidenmaler, die nur gelegentlich malen, wird es sich wohl kaum lohnen, ein solches Gerät anzuschaffen. Daher bietet der Fachhan-

del zwei Arten des Fixierdienstes an. Entweder bringen Sie Ihre bemalte und gekennzeichnete Seide ins Fachgeschäft, wo auch alle weiteren Vorbereitungen zur Fixierung übernommen werden, oder Sie rollen die Seide selbst auf und bringen sie zur Fixierung ins Fachgeschäft. In diesem Fall wird eine separate Fixierung nur mit Ihren Arbeiten durchgeführt, wofür Sie einen Pauschalpreis bezahlen; diese Möglichkeit ist relativ preisgünstig, lohnt sich aber nur, wenn Sie mehrere Teile auf einmal fixieren lassen.

Tip
Seide, die mit konzentrierter Farbe oder mehreren dunklen Farbaufträgen übereinander bemalt wurde, sollte bei der Fixierung durch mindestens drei Lagen Papier von der anderen Seide getrennt werden. Dasselbe gilt für intensive und großflächige Felder in Salztechnik. Sie verhindern damit, daß Farbe oder Feuchtigkeit auf die darunterliegende Seide durchschlägt. Sollten Sie Ihre Seidenmalerei zum Fixierdienst geben, wäre ein kurzer Hinweis darüber auf einem beigelegten Zettel angebracht. Das könnte Ärger und Enttäuschung ersparen, da oftmals vom Fixierdienst nicht mit Sicherheit festzustellen ist, wie intensiv ein Farbauftrag ausgeführt oder eine Salzlösung aufgetragen wurde.

Nachbehandlung
Bemalte Seide muß nach der Fixierung in handwarmem Wasser gespült werden, um überschüssige Farbe auszuwaschen. Spülen Sie die Seide in reichlich Wasser so oft, bis das Wasser klar bleibt.
Die Seide dürfen Sie im Wasser nicht einfach liegenlassen; Sie müssen sie ständig bewegen, da sonst Farbe ausbluten könnte und an anderer Stelle unschöne Flecken hinterlassen würde. Fügen Sie dem letzten Spülwasser ein wenig Essig zu, das unterstützt die Leuchtkraft der Farben. Anschließend wird die Seide zwischen zwei saugfähigen Tüchern eingerollt und zuletzt – solange die Seide noch feucht ist – gebügelt.

Tip
Seide, die nach der Fixierung gewaschen werden soll, darf nur in klarem Wasser, ohne Waschmittel, gespült werden. Die Seide sollte nach dem Bemalen und Fixieren ca. 2 – 3 Wochen nicht mit Waschmittel behandelt werden. Dies ist für die Erhaltung von Leuchtkraft und Farbintensität wichtig.
Lassen Sie Seide zum Bügeln niemals ganz trocknen. Seide läßt sich nur in feuchtem Zustand knitterfrei bügeln.

MALEN AUF VORBEHANDELTER SEIDE

Bevor Sie Seide bemalen, können Sie diese mit einer Salzlösung oder mit einer Gutta-Benzin-Lösung behandeln, damit die Farben auf der Seide nicht so stark oder überhaupt nicht zerfließen, wie dies auf unbehandelter Seide geschieht. Ich selbst male fast nie auf vorbehandelter Seide, weil die Seide etwas von ihrem schönen Glanz verliert und ich das Zerfließen der Farben durch ganz feine Pinselstriche weitgehend verhindern kann.
Da ich jedoch häufig um Information über die beiden Arten der Vorbehandlung der Seide gebeten werde, gehe ich im folgenden der Vollständigkeit halber näher darauf ein.

Vorbehandlung der Seide mit Salzlösung

Lösen Sie 250 g Salz in einem Liter Wasser auf und tauchen Sie Ihre Seide in diese Lösung. Nun spannen Sie die ausgedrückte, aber noch feuchte Seide auf den Rahmen und lassen sie trocknen. Danach wird die Seide bemalt; dabei können Sie die Gutta- oder die Aquarelltechnik anwenden.
Wenn Sie mit Gutta arbeiten, entstehen beim Farbauftrag winzige Salzeffekte nur innerhalb des durch die Guttalinien abgegrenzten Motivs; insofern macht es keinen großen Unterschied, ob Sie auf vorbehandelter oder nicht vorbehandelter Seide malen.
Wenn Sie dagegen die Aquarelltechnik anwenden, so erscheint der Farbrand eines Motivs oder Strichs bizarr ausgefranst.
Die Salztechnik kann bei vorbehandelter Seide nicht angewandt werden, da die für diese Technik charakteristischen Bahnen überhaupt nicht entstehen würden.

Auf der mit Salzlösung vorbehandelten Seide erscheinen alle Farben kräftiger und greller als auf unbehandelter Seide; beachten Sie dies, wenn Sie Ihre Farben mischen.
Sofern Sie die Seide einfärben wollen, bevor Sie zu malen beginnen, geben Sie die entsprechende Farbe in die Salzlösung und tauchen dann erst die Seide ein.
Wenn während des Malens eine Motivkorrektur erforderlich wird, ist das viel schwieriger als auf unbehandelter Seide, da sich die nun in der Seide befindlichen Salzkristalle bei mehrmaligem Überstreichen auflösen und einen Farbfleck hinterlassen, der störend hervortritt.
Wenn Sie die Seide bemalt haben, müssen Sie sie bald danach fixieren, damit das Salz die Seide nicht angereift. Wenn Sie im Dampf fixieren, empfehle ich Ihnen, drei Lagen Fixierpapier zu verwenden, da das Papier durch die hygroskopische Wirkung des Salzes während des Fixiervorgangs feucht wird.

Vorbehandlung der Seide mit Gutta-Benzin-Lösung

Die Oberfläche der Seide wird bei dieser Art der Vorbehandlung mit einem hauchdünnen Film der Gutta-Benzin-Lösung überzogen, so daß der Stoff nur noch sehr wenig Farbe aufnehmen kann, also kaum Farbe in die Faser eindringt.
Bei der auf diese Weise vorbehandelten Seide malen Sie daher mit weniger Farbe im Pinsel, als wenn Sie mit unbehandelter Seide arbeiten.
Ein Guttaauftrag – als Begrenzungslinie – ist nicht notwendig, da die Farben nicht auslaufen. Salztechnik ergibt auf diesem Malgrund nur einen sehr schwachen Effekt.
Wenn Sie die Gutta-Benzin-Lösung herstellen, mischen Sie in einem Glas- oder Porzellangefäß (kein Plastikgefäß) 5% Gutta mit 95% Benzin. Diese Lösung streichen Sie mit einem breiten Pinsel gleichmäßig auf die Seide. Arbeiten Sie hierbei zügig, denn die Lösung trocknet sehr schnell.
Da die Farbe wegen des Guttafilms kaum in die Seide eindringen kann, ist die Rückseite solcher Arbeiten deutlich blasser als die bemalte Seite. Die in dieser Weise vorbehandelte Seide ist für die Herstellung von Schals und Tüchern nicht geeignet.
Es empfiehlt sich, eine Arbeit, die mit Gutta-Benzin-Lösung vorbehandelt wurde, nach der Fixierung reinigen zu lassen, um den steifen Guttafilm wieder zu entfernen.

Tips

○ Die Farbintensität der aufgetragenen Farben hängt davon ab, ob die Seide vorbehandelt wurde oder nicht. Testen Sie deshalb die Wirkung der Farben vor dem endgültigen Auftrag auf einem vorbehandelten Probestück.

○ Halten Sie bei der Gutta-Benzin-Mischung das Verhältnis von 5% Gutta und 95% Benzin genau ein. Wenn der Guttaanteil zu hoch ist, nimmt die Seide keine Farbe mehr an.

MOTIVGESTALTUNG

In diesem Abschnitt möchte ich Ihnen die Möglichkeiten aufzeigen, mit denen Sie Motive gestalten können.
Bei meinen Kursteilnehmern stelle ich immer wieder fest, wie schwer es vielen fällt, ein Motiv so zu gestalten, daß es auf der Seide auch ausgeführt werden kann. Viele greifen auf Vorlagen zurück, die im Handel in Originalgröße und häufig auch schon farbig gestaltet angeboten werden. Wer jedoch seine eigene Kreativität einbringen und sich nicht schon zu Beginn einer Arbeit bis ins Detail festlegen will, der wird fasziniert feststellen, wie viele Möglichkeiten der Gestaltung es gibt, wenn man auch bereit ist, einer spontanen Idee zu folgen.
Anfänger in der Malerei auf Seide haben oft Angst vor Formen und Farben. Wenn diese Angst nach anfänglichen Schwierigkeiten erst einmal überwunden ist und dem Drang nach Ideenverwirklichung Platz gemacht hat, dann steht einer kreativen Motivgestaltung nichts mehr im Wege.
Voraussetzung für eine in Form und Farbe aussagekräftige und harmonische Arbeit ist eine vollkommene Beherrschung der Techniken und ein fundiertes Wissen über die Reaktionen der Farben auf dem Malgrund Seide. Dieses Wissen erhält man nur durch intensive Beschäftigung mit der Seidenmalerei.
Bevor ein Motiv gestaltet werden kann, muß eine konkrete Idee vorhanden sein. Es ist sehr hilfreich, wenn Sie diese Idee zuerst einmal als Bleistiftskizze (oder bereits mit Buntstiften) auf einem Stück Papier festhalten. Schon hier muß ein Motiv in der Form (eventuell auch in der Farbe) den ersten Korrekturen unterzogen werden. Wenn die Motivgestaltung so weit gediehen ist, daß die vage Skizze zu einem klaren Konzept herangereift ist, wird es jeden Seidenmaler drängen, seine Idee, sein Motiv auf die Seide zu übertragen.
Nachstehend zeige ich Ihnen beispielhaft an einem einzelnen Motiv, wie vielseitig Sie dieses gestalten können. Die harmonische Kombination der verschiedenen Möglichkeiten innerhalb eines Objektes macht dieses lebendig.
Wählen Sie sich ein Motiv, das Ihnen besonders gut gefällt und spielen Sie einmal verschiedene Möglichkeiten der Gestaltung durch.
Auch wenn Ihnen dies als eine trockene Übung erscheinen mag, so sind die Erfahrungen, die Sie dabei machen, hilfreich für die Gestaltung aller weiteren Objekte.

Beispiel 1
Dieses Motiv wurde nur mit Salztechnik in den durch Gutta abgegrenzten Feldern lebhaft gestaltet. Das am weitesten entfernte Feld im Hintergrund bleibt einfarbig; dies erhöht die Tiefenwirkung. Der Himmel wurde ebenfalls einfarbig gehalten, um die Baumkrone stark hervorzuheben.

Beispiel 2
Hier fällt die Baumkrone durch ihre starke Struktur besonders ins Auge.
Die Baumkrone, der Stamm und die Steine im Vordergrund entstanden durch Wassertropfen, die auf den trockenen und farbigen Untergrund gesetzt wurden.
Die Linien im linken Guttafeld entstanden in der gleichen Weise; allerdings wurde hier das Wasser in einem Strich mit dem Pinsel aufgetragen. Die Gräser sind mit sehr wenig, aber konzentrierter Farbe zwischen die Steine gemalt worden.

Beispiel 3
Sie erhalten einen relativ weichen Ausdruck Ihres Motivs immer dann, wenn Sie den Guttaauftrag auf vorgefärbten und trockenen Untergrund aufbringen. Der frei bleibende Strich erscheint dann in der Farbe des Untergrunds und wirkt dadurch nicht störend.
Bei diesem Beispiel wurden für die Baumkrone mit dem Pinsel verschiedene Farben aufgetupft. Überall dort, wo die Farbtupfen gegeneinanderstoßen, entsteht ein dunkler Farbrand. Die Steine in der Bildmitte und die seitlichen Felder wurden wie schon im Beispiel 2 beschrieben gemalt.

Beispiel 4
Mit schwarzer Gutta umrandete Motive wirken häufig sehr dekorativ und expressiv, wie hier diese Baumkrone. Auf eine lebhafte Gestaltung der übrigen Farbfelder wurde verzichtet, damit ein ruhiger Gesamteindruck entsteht. Die Bildharmonie wird noch dadurch unterstützt, daß sich die Farben der Baumkrone am Boden wiederholen.

Beispiel 5
Goldfarbene Gutta gibt dem Motiv eine elegante Note. Damit dieser Eindruck nicht gestört wird, wurden die einzelnen Felder nicht zu stark betont. Die Gutta kommt am besten zur Geltung, wenn Farben verwendet werden, die in starkem Kontrast zur Goldfarbe stehen.

Beispiel 6
Wird ein Motiv ganz in Aquarelltechnik gestaltet, lassen sich die Konturen nicht exakt festlegen. Daher zeichnet man die wichtigsten Umrißlinien vorsichtig mit einem Kohlestift auf die Seide, damit für den Farbauftrag ein Anhaltspunkt gegeben ist. Auf dem hellbeigen und getrockneten Hintergrund wurde die Bodenlinie mit einem in Wasser getauchten Pinsel gezogen. Die Striche wurden sofort mit dem Fön getrocknet. Für den Baumstamm und die Baumkrone wurde eine schwach verdünnte Farbmischung aufgetupft und anschließend mit dem Fön wieder getrocknet. Alle Konturen zeigen eine dunkle und klare Randbildung.

Beispiel 7
Die Baumkrone und der Boden wurden auf den noch feuchten Pastellhintergrund gemalt und anschließend in beide Farbflächen Salz eingestreut. Der Baumstamm und die Äste wurden mit wenigen Pinselstrichen – ebenfalls auf dem noch feuchten Grund – angedeutet. Erst nachdem die Seide wieder trocken war, wurden der Baumstamm und die Äste mit brauner Farbe und mit dünnen Pinselstrichen deutlicher hervorgehoben. Außer bei dem Baumstamm und den Ästen laufen alle Konturen weich ineinander.

ANWENDUNGSGEBIETE

Aus der Vielfalt der Gegenstände, die sich aus bemalter Seide herstellen lassen, möchte ich in diesem Buch nur einige herausgreifen. Da ich hier all diejenigen ansprechen möchte, die noch Hilfe und Tips benötigen oder ganz am Anfang der Seidenmalerei stehen, beschränke ich mich bei meinen näheren Ausführungen auf Dinge, die sich verhältnismäßig leicht herstellen lassen, wie z. B. Schmuck, Passepartoutkarten und Bilder (einschließlich deren Rahmung), und gebe Ihnen am Schluß noch einige Tips für die Herstellung von Kissen, Schals und Tüchern.

Schmuck
Broschen, Anhänger, Gürtelschließen, Ohrringe, Armreifen, aber auch Lesezeichen und Pillendosen werden alle in derselben Arbeitsweise unter Verwendung von Rohlingen gefertigt, die in zwei verschiedenen Ausführungen angeboten werden.

Fassungen mit Rand
Eine Fassung mit Rand besteht aus drei Teilen:
○ einer Rückseite mit der jeweiligen Befestigungsvorrichtung,
○ einer Einlegeplatine, die mit Seide bezogen wird,
○ einem Rahmenteil mit vier Arretierungsecken, welche die drei Teile zusammenhalten.
Die Einlegeplatine wird mit Sprühkleber oder einem anderen Kleber, der für Textilien geeignet ist, beklebt. Nun drücken Sie die Platine auf die Stelle der bemalten Seide, die Sie für das Schmuckstück ausgesucht haben. Jetzt schneiden Sie die Seide entlang der Einlage ab, und zwar ohne Stoffzugabe, und legen das Ganze von hinten in das Rahmenteil.
Zuletzt legen Sie die Rückseite auf das Rahmenteil und biegen die vier Arretierungsecken kräftig zur Mitte hin, so daß alle einzelnen Teile fest miteinander verbunden sind.

Fassungen ohne Rand
Diese Fassungen bestehen nur aus einer Einlegeplatine und einer rahmenlosen Rückseite mit Befestigungsvorrichtung. Bei diesen Fassungen schneiden Sie die Seide mit einem halben Zentimeter Stoffzugabe zu. Nun besprühen Sie die Rückseite der Einlage auch mit Sprühkleber oder streichen sie mit Klebstoff ein und biegen dann die überstehende Seide nach hinten um. In das Rückenteil streichen Sie entlang der Kante etwas Klebstoff, legen die mit Seide bezogene Einlage ein und drücken die beiden Teile kurz zusammen.

Passepartoutkarten
Eine selbstgestaltete und mit Seide bezogene Glückwunsch-, Einladungs- oder Weihnachtskarte wird immer etwas Persönliches sein und dem Empfänger der Karte zeigen, daß Sie ihn schätzen. Der Handel bietet eine Vielzahl von farbigen Passepartoutkarten mit verschiedenen Ausschnitten an. Ob Sie ein ovales, rechteckiges oder quadratisches Bildfenster, weiße oder farbige Karten mit einem großen oder kleinen Bildausschnitt suchen – alles ist im Handel vorhanden.

Die Motive für Passepartoutkarten können Sie entweder genau passend zum Ausschnitt Ihrer Karte malen oder aus einer bereits vorhandenen und bemalten Seide ein interessantes Stück herausschneiden. Die Seide sollten Sie dann mit Textilkleber rings um den Rand des Ausschnitts festkleben und die Rückseite mit einem Stück Papier in der Größe der Karte abkleben. Eine andere Möglichkeit ist die, daß Sie das Abdeckblatt mit Sprühkleber besprühen und das Stück Seide so auf das Abdeckblatt kleben, daß es in Höhe und Breite genau in das Ausschnittfenster paßt. Dieses so beklebte Abdeckblatt wird dann auf das Ausschnittfenster gelegt und festgedrückt.

Eine Passepartoutkarte können Sie auch dann noch verzieren, wenn Sie bereits fix und fertig in das Ausschnittfenster geklebt wurde. Sie haben noch eine Vielzahl von Möglichkeiten, das Bild mit goldfarbener, schwarzer oder silberfarbener Gutta zu gestalten. Einen äußerst festlichen Anstrich erhält eine Karte, wenn sie mit Glitzerpaste oder aufgeklebten Straßsteinen verziert wird. Auch mit Pailletten oder Glitterstaub lassen sich hübsche Effekte erzielen.

Bilder und Rahmung

Durch die Rahmung eines Bildes kann eine Seidenmalerei einen vollendeten Eindruck vermitteln, eine schlechte oder falsche Rahmung wird dies jedoch weitgehend verhindern.

Ich rahme meine Seidenmalereien möglichst ohne Glas, um den warmen Seidenglanz des Bildes nicht zu zerstören. Dies ist jedoch nur dann sinnvoll, wenn die Gefahr der Verschmutzung nicht zu groß ist. Ob Sie Ihr Bild mit oder ohne Passepartout einrahmen, hängt einmal vom Motiv, hauptsächlich aber vom Geschmack ab.

Wenn Sie sehr unsicher sind, lassen Sie sich daher in einem guten Rahmengeschäft beraten.

Der Hobbyhandel bietet neuerdings Passepartouts in verschiedenen Farben und mit unterschiedlich großen Ausschnittfenstern an. Ich wünschte mir jedoch, daß die fertigen Passepartouts öfter mit dem Bildausschnitt in der optischen Mitte angeboten würden (die optische Mitte liegt etwas höher als die tatsächliche Mitte). Liegt ein Ausschnittfenster in der tatsächlichen Bildmitte, dann hat man den Eindruck, als ob das Bild heruntergerutscht sei; es wirkt schwer.

Wenn Sie nur gelegentlich ein Bild unter ein Passepartout setzen wollen, ist es sinnvoll, das Passepartout – farblich auf das Bild abgestimmt – im Fachhandel fertig zu kaufen oder es sich dort fachgerecht zuschneiden zu lassen.

Es lohnt sich aber, ein Passepartout-Schneideset zu kaufen, wenn Sie viele Bilder malen und die Maße des Bildfensters selbst bestimmen wollen. In diesem Falle benötigen Sie einen farblich mit dem Bild abgestimmten Passepartoutkarton, ein

Metallineal, das in verschiedenen Längen angeboten wird, und ein dazu passendes Schneidegerät, möglichst mit 45-Grad-Schnitt, welches auf das Metallineal aufgesetzt wird, um einen exakt geradlinigen Ausschnitt zu gewährleisten. Schließlich brauchen Sie dazu noch eine feste Unterlage, auf der das Passepartout zugeschnitten wird. Bedenken Sie, daß ein zu schmales Passepartout ein Bild erdrückt, wogegen ein großzügig bemessener Bildrand das Bild wesentlich besser zur Geltung kommen läßt.
Wenn Sie das Passepartout selbst herstellen wollen, zeichnen Sie den Bildausschnitt auf die Rückseite des Passepartoutkartons und schneiden das Bildfenster mit dem Schneidegerät sorgfältig aus, nachdem Sie zuvor alle Maße nochmals kontrolliert haben. Vermeiden Sie dabei Überschneidungen an den Ecken. Nun kleben Sie Ihre Seide von hinten rings um das Bildfenster mit Klebestreifen oder mit Textilkleber fest und legen es in den Rahmen. Präsentieren Sie Ihre gerahmte Seidenmalerei möglichst ohne eine Glasscheibe, denn sowohl Normalglas als auch entspiegeltes Glas schlucken sehr viel von der Leuchtkraft und dem Glanz der Seide. Verzichten Sie bei sehr großen Bildern auf

das Passepartout! Das wirkt großzügiger. In diesem Fall spannen Sie die Seide straff über eine feste Unterlage (z. B. Preßspan, wattierten Karton, Metall- oder Holzplatte) und kleben Sie die überstehende Seide auf der Rückseite der Unterlage gut fest. Nun wird das Bild vorsichtig in einen genau auf dieses Maß angefertigten Rahmen gedrückt und mit Keilen an mehreren Stellen auf der Rückseite des Rahmens fest verankert.

Für fast alle Bilder eignen sich Wechselrahmen, die meist mit einem dünnen, zweifarbigen Passepartout angeboten werden. Auch bei diesen Rahmen kann auf das Glas verzichtet werden, wenn der Rahmenrand so breit ist, daß das Bild nicht herausfällt.

Bei Wechselrahmen mit Glas hat sich die folgende Methode bestens bewährt:

Besprühen Sie einen Bogen Papier mit Sprühkleber und legen Sie Ihre bemalte

Seide fadengerade auf diesen Bogen. Streichen Sie nun die Seide nach allen Seiten faltenfrei und fest auf das Papier. Dabei setze ich voraus, daß Sie keine zu dünne Seide verwendet haben, damit sich die Seide nicht verzieht. Nun legen Sie das Glas auf die Seide, umfahren es mit einem Bleistift und schneiden das Bild entlang dieser Linie aus.
Danach legen Sie das Bild – mit oder ohne Passepartout – in den Rahmen und befestigen alle Teile entsprechend der Anweisung des Rahmenherstellers.
Wenn Sie das Bild jedoch ohne Glas rahmen wollen, ist es ratsam, das Glas hinter die Seidenmalerei in den Rahmen zu legen, um der Halterung des Rahmens mehr Spannung zu geben.

Kissen

Verwenden Sie für Sofakissen eine etwas stärkere Seide, die relativ strapazierfähig ist; hierfür ist Tafetta gut geeignet. Setzen Sie das Motiv auf einem Kissen stets etwas über die Mitte, damit es auch gut sichtbar ist, wenn es auf dem Sofa liegt.
Bemalen Sie Vorder- und Rückseite des Kissens möglichst in einem Arbeitsgang. Der Stoffbruch sollte die Oberkante des Kissens bilden. An der Unterkante kann ein Reißverschluß eingenäht werden.
Einen besonders plastischen Effekt erhalten Sie, wenn Sie unter das fertig bemalte, fixierte und gewaschene Kissen einen weichen Stoff legen und das Motiv den Rändern entlang mit der Nähmaschine durchnähen. Als Unterlage eignet sich besonders gut Molton, Vlieseline oder dünne Watteline.

Langschals

Bereits rollierte Schals werden in der gleichen Weise bemalt wie Meterware. Überdehnen Sie die Längskanten des Schals beim Aufspannen auf den Rahmen nicht, da sich eine verzogene, wellige Kante in unschöne Falten legt, wenn das Tuch für die Fixierung aufgerollt wird.
Malen Sie das Motiv bei einem Langschal so weit als möglich an die Enden, da diejenigen Bereiche des Schals, die beim Tragen im Nacken und im Knoten verschwinden, vergleichsweise unwichtig sind. Ich versehe Schals und Tücher, die keine konkreten Motive haben, sondern nur ein Farbspiel aufweisen oder ganz in Salztechnik gehalten sind, gerne mit einem schmalen und farblich zum Schal bzw. Tuch passenden Farbrand. Dieser wirkt dann wie ein gut harmonierender Bilderrahmen bei einem Bild und vermittelt den Eindruck, daß es sich um eine abgeschlossene Arbeit und nicht nur um ein Stück zugeschnittene Meterware handelt.
Einen sehr dekorativen Abschluß an beiden Schalenden können einige verschieden breite Farbstreifen bilden. Wiederholen Sie die Farben, die bereits im Schal vorkommen.
Wenn Sie für Langschals Meterware verwenden, ist es besser, wenn Sie anstelle eines Rollsaums die beiden Schalenden (Schmalseiten) etwa einen halben Zentimeter breit ausfransen.

Tücher

Versuchen Sie, die vier Ecken eines Tuches unterschiedlich zu gestalten, damit Sie viele Tragemöglichkeiten haben.
Vermeiden Sie bei rollierten Tüchern, soweit es das Motiv zuläßt, daß die Guttalinien senkrecht auf den Rollsaum des Tuches stoßen. Es ist wichtig, dies zu beachten, weil die Gutta an einer solchen Stelle den Rollsaum nicht vollständig durchdringen und eine Absperrung gegen die Farbe bilden kann. An dieser Stelle läuft also die Farbe leicht aus; ein oder mehrere farbige Randstreifen schaffen hier Abhilfe.
Konzentrieren Sie sich bei der Gestaltung eines Tuches mehr auf die Ecken und Kanten als auf die Tuchmitte, da man diese beim Tragen des Tuches ohnehin nicht sehen kann.
Auf den folgenden Seiten finden Sie einige Gestaltungsbeispiele für Tücher. Die Reihe könnte beliebig fortgesetzt werden, aber Ihre eigene Fantasie soll an dieser Stelle nicht beeinträchtigt werden. Beginnen Sie jedoch, wenn Sie noch nicht viel Erfahrung mit der Seidenmalerei haben, mit einem möglichst einfachen Muster.

Dieser gedoppelte Langschal in zarten Pastelltönen muß Naß-in-Naß gearbeitet werden. Farb- und Wasserstreifen müssen so rasch wie möglich nebeneinander aufgetragen werden, damit die Übergänge fließend sind und keine dunklen Farbränder entstehen.
Eine harmonische Farbwahl ist für solche Streifenmuster Voraussetzung.

Goldfarbene Gutta bildet hier die Begrenzungslinie. Für den dunkelblauen Rand wurde an einer Ecke begonnen und abwechselnd in beide Richtungen gearbeitet, damit die Farbe nicht antrocknet und keine unschönen Farbränder entstehen. Die Innenfelder sind in Hellblau und Türkis gehalten. Hier muß die Farbe sehr naß aufgetragen werden, damit sich keine Wolken bilden.

Die geometrische Feldeinteilung wurde in schwarzer Gutta mittels eines Hohlkantenlineals vorgenommen. Die einzelnen Felder sind farblich aufeinander abgestimmt.

Ein Tuch mit strengem Streifenmuster. Die Linien in schwarzer Gutta wurden mit einem Hohlkantenlineal gezogen. Die Farben der Streifen wurden aufeinander abgestimmt.

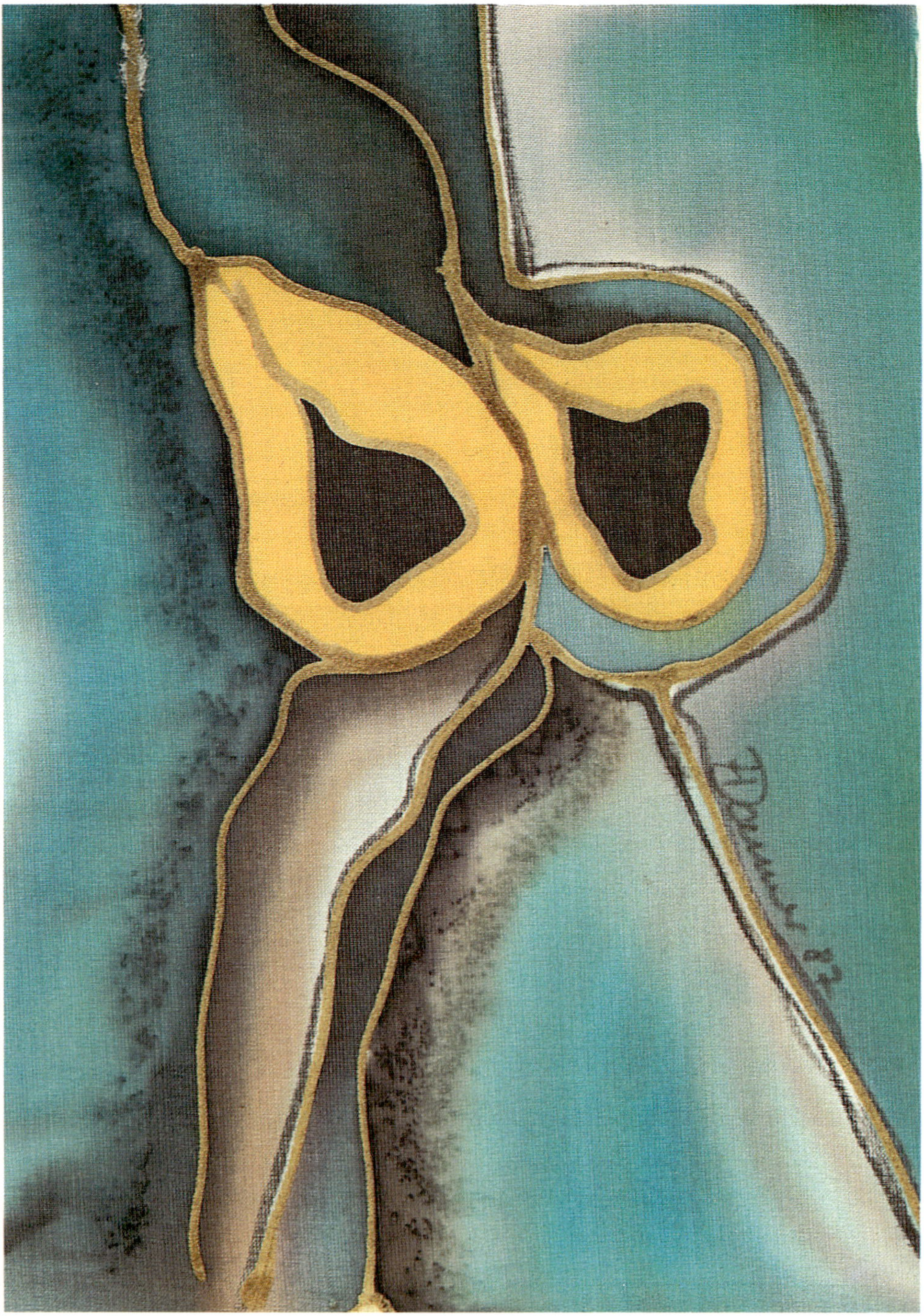

MOTIVE VERÄNDERN

Es gibt viele Möglichkeiten, ein Motiv so zu verändern, daß es auf die von Ihnen gewünschten Maße genau paßt.
Am einfachsten geschieht dies dadurch, daß Sie bestimmte Motivteile weglassen oder neue hinzufügen.
Dies ist bei einem floralen Motiv verhältnismäßig leicht möglich, wogegen Sie bei abstrakten Motiven meist etwas mehr Fantasie brauchen, um die Änderungen harmonisch abzustimmen. Eine gute Hilfe bietet hier eine Bleistiftskizze in Originalgröße, die – wenn die Veränderung endgültig festgelegt ist – mit einem dicken Filzstift nachgezogen wird und dann zum Nachzeichnen unter die Seide gelegt werden kann.
Eine solche Vorlage kann auch zerschnitten und anschließend in einer anderen Anordnung zu einem neuen Motiv zusammengefügt werden.
Wenn Sie ein Motiv nicht, wie oben beschrieben, verändern, sondern als Ganzes vergrößern wollen, gibt es hierfür zwei Möglichkeiten:
Die herkömmlichste Methode ist die Veränderung durch das Rastermaß. Die nachfolgenden Beispiele können auf diese Art gut nachgearbeitet werden.
Je nachdem, ob Sie ein Motiv vergrößern oder verkleinern wollen, fertigen Sie ein vergrößertes oder verkleinertes Raster an und übertragen Ihr Motiv entsprechend. Diese Methode ist sehr zeitaufwendig.
Die zweite und einfachere Möglichkeit bietet uns die moderne Technik. Schreibwarengeschäfte und Copyshops verfügen über Geräte, mit denen Schrift- und Bildteile vergrößert oder verkleinert werden können. Diese Methode ist sehr praktisch für die Veränderung von Teilausschnitten eines Motivs.
Im Abschnitt Motivgestaltung (Seite 40) finden Sie Anregungen wie Sie durch Farbgebung, Maltechnik oder andersfarbige Gutta ein Motiv so verändern können, daß es eine völlig andere Wirkung erhält.
Die nachfolgenden Motive lassen sich auf jede beliebige Größe bringen. Die Auswahl zeigt vorrangig florale Motive, aber auch die Liebhaber abstrakter Kunst kommen nicht zu kurz.
Sie müssen die Vorlagen nicht unbedingt über ein Raster vergrößern, auch hier können Sie ohne weiteres mit einer vergrößerten Kopie arbeiten.
Ziehen Sie die Konturen auf der Kopie mit Filzstift nach und legen Sie die Vorlage unter die Seide.

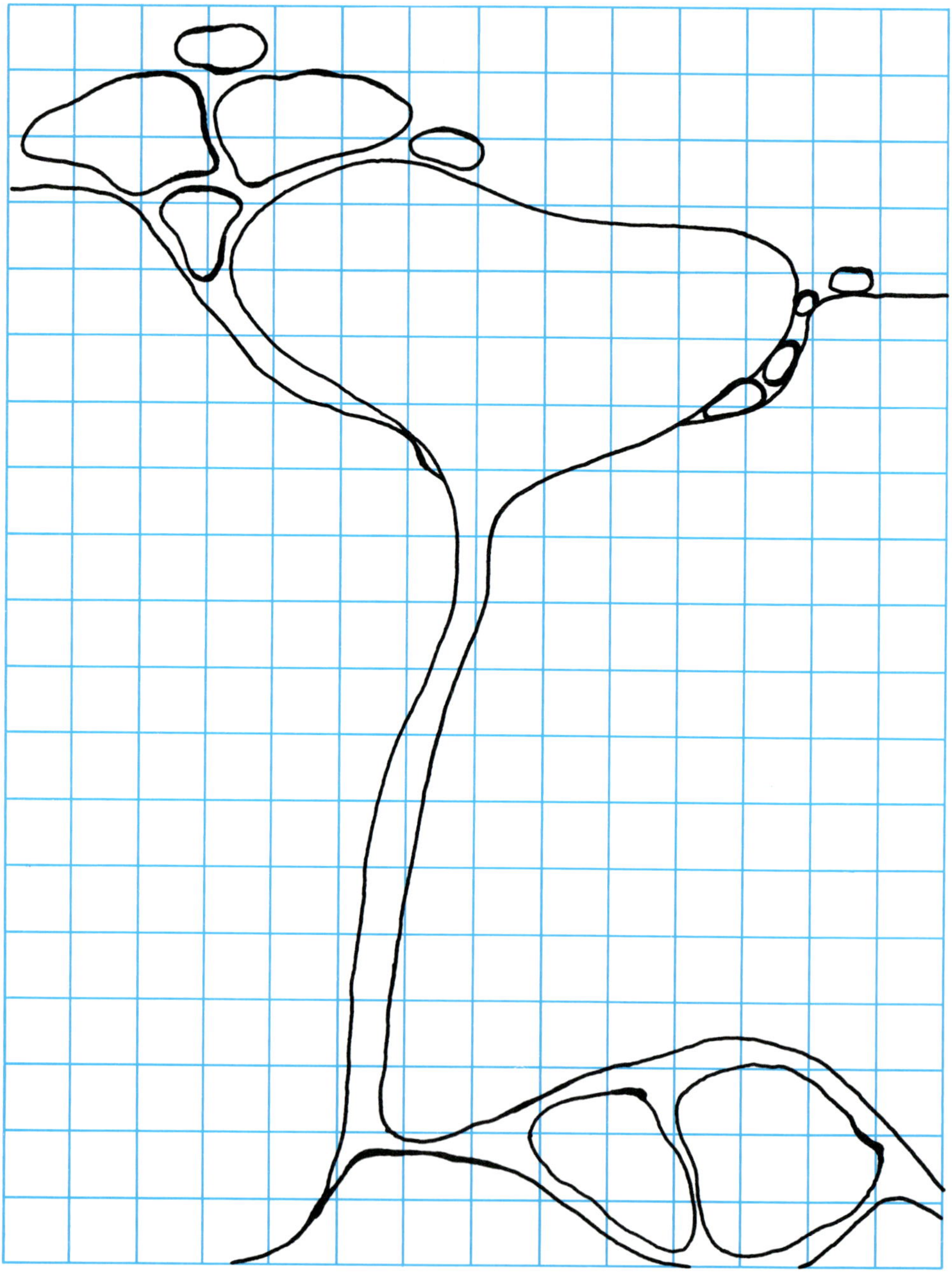

Goldfarbene Gutta in Verbindung mit warmen Erdfarben bestimmen den weichen Ausdruck des Bildes.

Die in Aquarelltechnik ausgeführten Blüten und Blätter treten deutlich in den Vordergrund.

Die schwarzen Guttalinien dieser Blüten erinnern stark an ein bleiverglastes Jugendstilfenster.

Danner

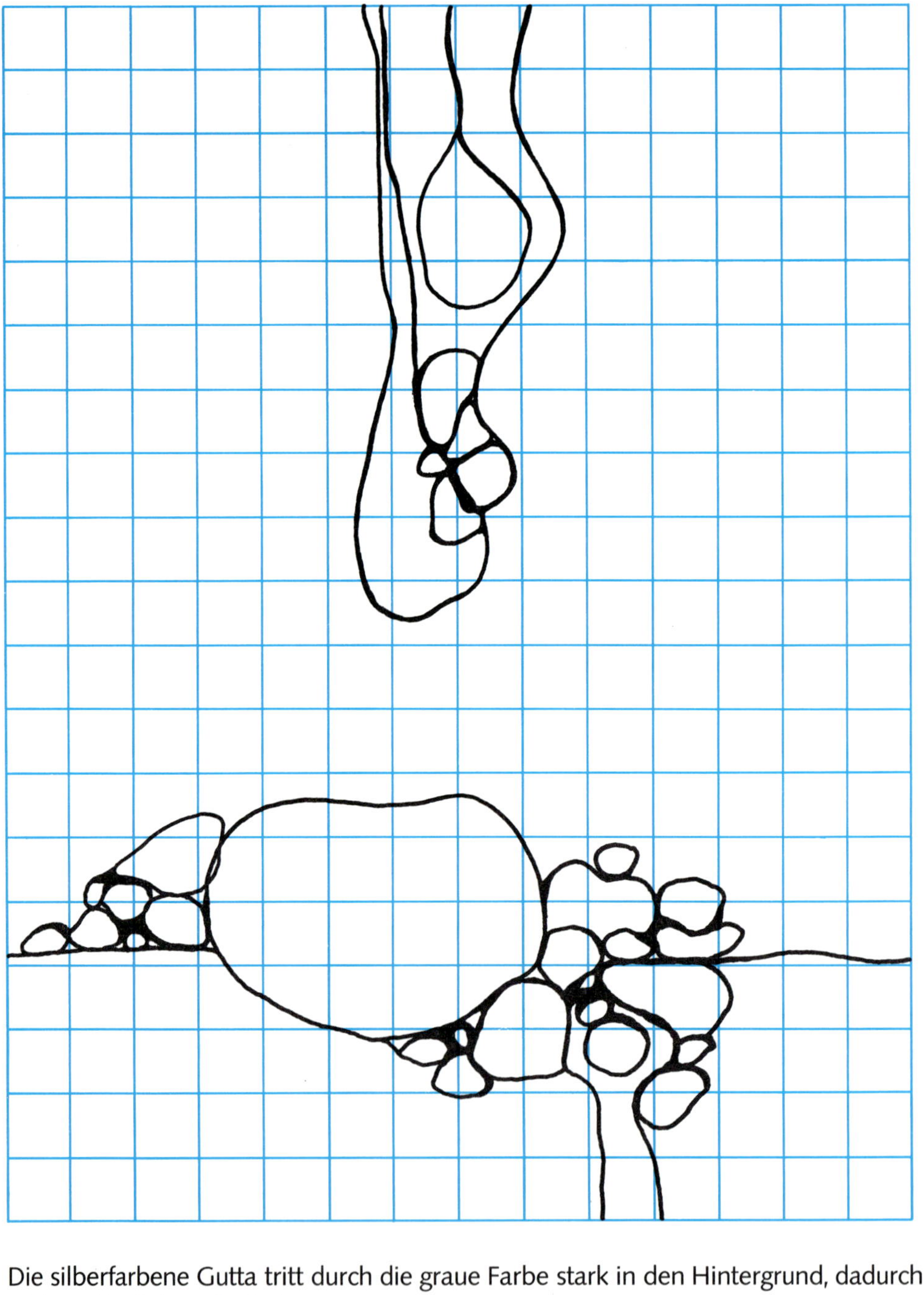

Die silberfarbene Gutta tritt durch die graue Farbe stark in den Hintergrund, dadurch wirken die Steine plastischer.

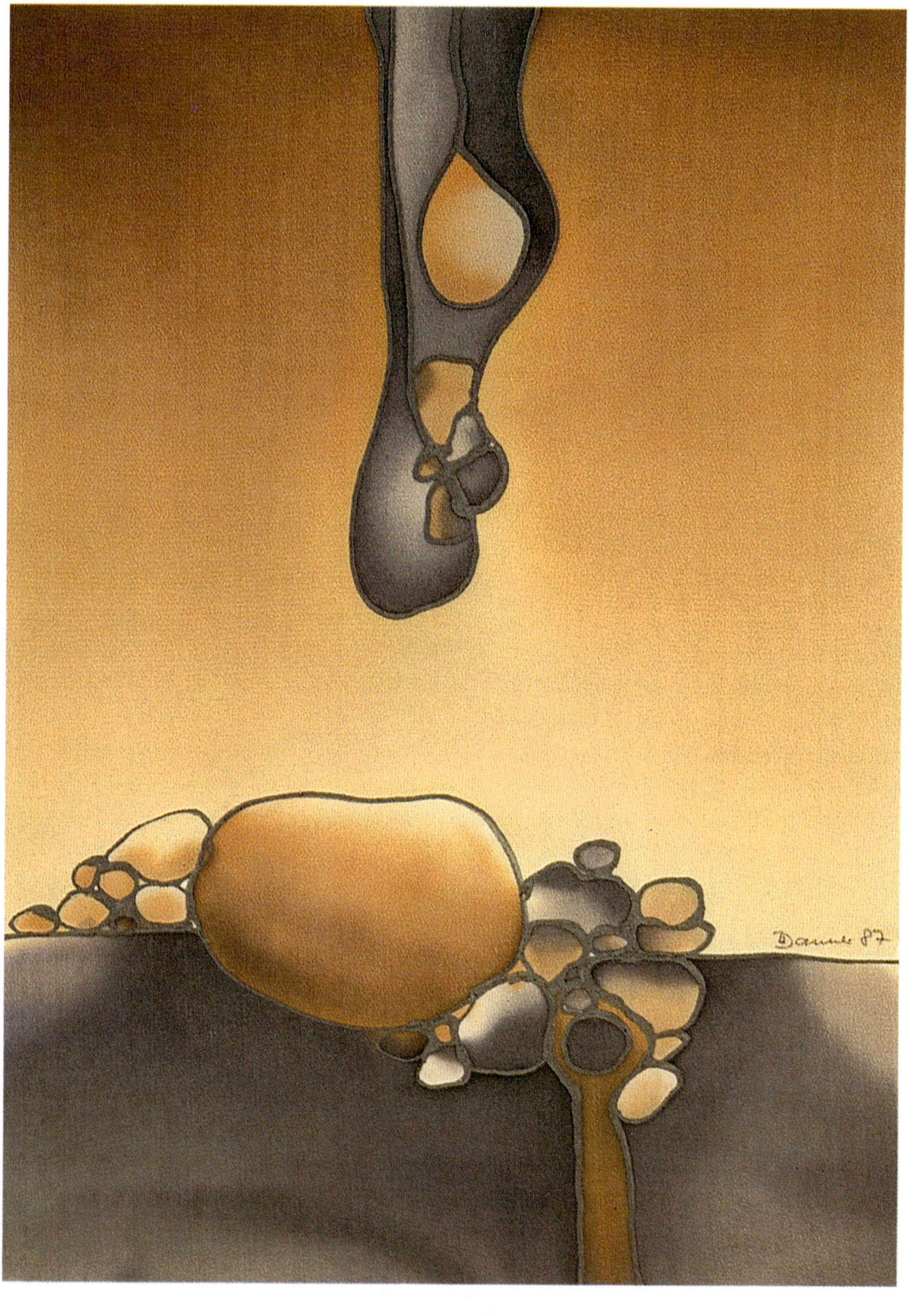

REGISTER